LA GRAVEDAD DEL PASADO

LA GRAVEDAD DEL PASADO

ROY ACUÑA

Valparaíso
EDICIONES

Número 470 de la Colección VALPARAÍSO DE POESÍA
dirigida por FEDERICO DÍAZ-GRANADOS

Diseño de colección y portada de Chari Nogales
www.charinogales.com

Primera edición: marzo de 2025

© De los poemas: Roy Acuña Sánchez
© Imagen de portada: Roy Acuña Sánchez

© Valparaíso Ediciones
  C/ Fray Leopoldo, 7 bajo, 18014 Granada
  www.valparaisoediciones.es

ISBN: 979-13-87538-27-9
Depósito Legal: GR 259-2025

Impreso en España - *Printed in Spain*
Gráficas Gami

LA GRAVEDAD DEL PASADO

Cerca de las 6 p.m.: el apartamento está cálido, limpio, bien iluminado, agradable. Yo lo hago estar así, energéticamente, devotamente (disfrutándolo amargamente*): de ahora en adelante y para siempre, soy mi propia madre.*

4 DE NOVIEMBRE, 1977
DIARIO DE DUELO
ROLAND BARTHES

SOL NEGRO

La luz golpea las hojas
como una madre:
con amor

La luz ama las hojas
como una madre:
con fuerza

La luz de la tarde
en especial
sabe exactamente
cuánto quedarse
para dejar su marca
en cada hoja
recorre
indeleble

Sin duda anuncia:
siempre habrá mañana

Sin duda anuncia:
ya no habrá mañana

POSTMORTEM

Todo lo que venga después
será como un árbol que cae
en un silencio brutal

Después serán las nubes negras
inundando el cielo blanco
un océano que nos separa y nos bordea

Después crecerán
el zacate y la hiedra en tu nueva casa
y será mayor aún la distancia

Después será el pasado
el tiempo antes y el tiempo en el cual
las flores nacen y vuelven a marchitar

Al tiempo serán los restos
de oro en la playa
un camino tan corto que se rehúsa a acabar

Será por siempre la vista de un ave
que no aterriza y que mira
a otro que intenta volar

SALA DE ESPERA

Compartimos el poco espacio que queda
entre la luz del hospital cuando parpadea
El verde cubre todo por instantes
iluminando las paredes que se cierran

Todos los sonidos que escuchamos
provienen de algo que no vemos:
el acero que corta la piel que ya rompimos antes
y un ruido rojo que palpita en las sienes

Las palabras pierden peso
y nos mantenemos
atados al cuero roto de las sillas
La calma vuelve al tiempo más violento

Todo lo que somos duerme
del otro lado de un intento
de sanar la carne muerta
que en algún momento fue alimento

El aire choca frío contra nuestros huesos
y levantamos la mirada hacia el espacio agudo
donde al final se encuentra
nuestro hogar o el recuerdo

INUNDACIONES

Digo *me embarga la tristeza*
porque me llena me inunda me sacia
pero también porque se lleva
algo
me quita
todo
como si cobrara una deuda
como si lo que alguna vez fue mío
le perteneciera

LA HERIDA

Somos acaso la herida
la sangre la pus la vida
somos quien rasga la piel
o quien cuelga de ella
somos quizá el deseo total
del que huye el cuerpo
sobre el que se abalanza la muerte
somos el amor que consume
las horas minutos los días
somos el pasado que queda
botado entre los dedos la arena
que quema que rompe perdura
somos el aire la sal cicatriz
cubiertos de sangre
ungidos
desde las entrañas
la voz se desgarra
porque afuera la luz no
se vislumbra porque afuera
la luz quema todo
en penumbras afuera la luz
quema todo adentro
el sonido arrebata los días
noches y días
si no se grita con fuerza
no se traspasa la herida

CALCIFICACIONES

Los días
son huesos rotos
que se sueldan sin mesura
formando partes nuevas
fuera de lugar el cuerpo
no es más que el terreno
donde edifica el tiempo
una construcción de vestigios
ruinas de días como dientes
que aún recuerdan
se rompen las costillas
para abrir campo a quienes regresan
a la tierra nada crece de ella
y en la carne rota del recuerdo todo
lo que existe se renueva

NOTICIAS DE CASA

I

Acá todo sigue igual
hay presas por todo lado
choques en cada esquina
y donde mami
ha habido dos balaceras esta semana
No sabe si es por el susto
pero lleva días sin comer
Desde que te fuiste no ha llovido
Todos los días me prometo
que voy a regar las matas
y luego lo olvido
He ido a yoga un par de veces esta semana
y el carro tiene un par de rayas nuevas
Lamento que el edificio que querías ver
estuviera cerrado
Tengo miedo de salir a la calle
se acerca navidad y la gente se vuelve loca
Y vos sabés que no sé
cómo evitar una pelea
ni tampoco quiero
Espero que tu regalo llegue a tiempo
Hoy es viernes y estaríamos
viendo una película quizá
Disfrutá tu tiempo allá,
sé que es donde tenés que estar
Mañana te escribo otra vez

II

He estado escribiendo mucho estos días
sé que siempre digo que no tiene sentido
pero no creo que lo pueda evitar
A veces paso horas sentado
en la butaca que ve hacia la terraza
Hugo no entiende tanto silencio
y empieza a llorar
Los días han estado muy calientes acá
allá es otoño y hace frío
Quizá en unos meses
cuando mami esté mejor
te pueda visitar
Le compré una tarjeta nueva a la cámara
y he estado grabando el árbol del frente
que tanto te gusta
No me he atrevido a sacarla de casa
y mucho menos llevarla al hospital
Si hace unos meses
me hubieran preguntado qué es la distancia
no habría dicho que es el espacio negro de una pantalla
Sé que pasás muy ocupado
pero me gusta saber cómo estas
Hablamos pronto,
espero

III

Venimos llegando del hospital
pero te quería escribir de una vez
No creo que lo haga más por un tiempo
Me alegra que volvieras a clases de francés
Me contaron que ya empezaron la construcción también
Mami te manda saludos
y te desea lo mejor
Lo tengo todo en video
Ya no escribo tanto como antes
no tengo tiempo
Tampoco leo ni veo películas
estoy cansado
pero sé que pronto todos vamos a descansar
Si me vieras ahorita no me reconocerías
no recuerdo la última vez que me corté el pelo
o que llegué a la casa de día
No sé por qué te estoy contando esto
es la costumbre de que lo sepás todo
y el último intento de fingir que no ha pasado el tiempo
Siempre pienso en vos cuando manejo
ahora siempre hay ropa sucia en tu asiento
Están construyendo otro puente
camino a la casa de tus papás
En fin,
nada de lo que dejaste
sigue igual

LOS LUGARES EQUIVOCADOS

Habitamos los lugares equivocados
donde colocamos nuestro amor
decimos *ahí está*
como si de la presa de una caza se tratara
un animal moribundo
y si nadie hace nada por él
se pudre

LA GRAVEDAD DEL PASADO

Es mentira
que no se puede devolver el tiempo
A veces pienso
que es todo lo que hacemos
porque cuando nos sentamos a la mesa
siempre somos niños
con los ojos llorosos las manos
sucias la camisa al revés
las rodillas rotas y las sonrisas
también
estamos como pegados a la silla
porque algo que no todo mundo sabe
es que la gravedad
pesa más en el pasado

LAS PALABRAS

Las palabras
   no siempre
      son balas
A veces
son la herida abierta
   que se derrama
y a veces
   lo que pareciera
      ser un refugio
es un campo minado
   por fantasmas
      y gramática
A veces
   la distancia
      es salvación
y un almuerzo
   una amenaza
A veces
   la solución
      es la más violenta

IMPERIOS

Solía tener el mismo sueño
una y otra vez
durante los años
en el cual un amigo de mi papá
al que le decían Macho
me perseguía
hasta el fin del mundo
tratando de matarme
y ahí me despertaba siempre

Tengo también un recuerdo de la infancia
que no sé si sea verdad
en el que mis primos y yo
solíamos ir a un guindo oscuro
y sabíamos
que algo malo había ahí
y por eso seguíamos volviendo
Era como un secreto que nos unía
no recuerdo del todo qué era
pero recuerdo
que la última vez juramos
nunca más regresar

Mi mamá dice que le parece
que quizá algo de eso sea verdad
y que recuerda
que una vez jugamos con una rata muerta
por más de cien metros en la calle

También contaba mi abuela
que se casó con un vestido de tres vuelos
y que mi abuelito usaba una camisa celeste
y que ese día
más de cuarenta caballos la escoltaron
hasta el lugar de la boda

Algunas mañanas
yo también uso una camisa celeste
y recuerdo el disfraz de dinosaurio verde
que me quedaba pequeño cuando era niño

Mi tía decía
que mi abuelito la cuidaba
cuando volvía tarde del trabajo
y desde entonces
me dan miedo los cuartos que no son míos
porque no siento
que nadie me esté cuidando a mí por las noches

En el sueño, yo corría por un puente enorme
y al final del puente
estaba el fin del mundo
más allá
solo habían cuartos que no eran míos

Imagino que la camisa de mi abuelito era quizá
de un celeste más chillón
la mía es casi blanca
aunque brilla con la luz
y yo seguro no me llegue a casar

En especial por el miedo a compartir un cuarto
y que deje de ser mío

De lo que estoy seguro
es que el primer día del kinder
yo pedía que me metieran las fundas
porque no sabía
cómo se llamaban las faldas de la camisa
ese día creo que empecé a olvidar cómo hablar
pero recuerdo
que mis hermanos me acompañaron todo el día
para que yo no llorara al quedarme solo
Me acompañaron todo el tiempo
hasta hace unos años
cuando me confesaron
que nunca se quedaron en realidad

La camisa del kinder era celeste
ahora que lo pienso
quizá mi abuelito fue el que se quedó conmigo esa vez
y usaba una camisa del mismo color
mientras estábamos en el fin del mundo
y yo me terminaba despertando al final

Y resulta que solo me había distraído al ver las tripas
de esa rata gris
y a mis primos riendo mientras la pateaban
y sus ojos cerrados
quizá por miedo
quizá para engañarnos
porque quizá

realmente solo dormía
y soñaba
con que llegaba al fin del mundo
que quedaba en el guindo
donde solíamos ir
para guardar los secretos
que a mi mamá le parece
que quizá sean verdad

Pero es que ella no entendía cuando yo le conté
porque yo ya había empezado a olvidar cómo hablar
y ella tenía que lavar el vestido de tres vuelos
no tenía tiempo para escuchar a un niño balbucear

A veces
yo quisiera casarme con un vestido de tres vuelos
A veces
quisiera ver las manos de mi abuelita
una vez más
alisando con sus dedos arrugados
ese vestido de tres vuelos
que años atrás le había dado a mi mamá
para que lo guardara
con la orden específica de enterrarla en él

Pero si las viera de nuevo
empezaría a temblar
como ahora
y el corazón me palpitaría más rápido de lo normal
como ahora
y quizá no lo podría aguantar
como la última vez

Me tendrían que amarrar a una silla otra vez
mientras todo pasa
y sacan el cuerpo de mi tía
donde ya no va ella
y tirarme tierra encima

Y de pronto estaríamos en el fin del mundo
en un cuarto que ya no es mío
tratando de recordar
cuál fue el recuerdo que dejamos
aquel día
que decidimos no regresar nunca más

Pero quizá
podríamos regresar
y verlos a todos
a mis hermanos afuera del kinder
mi tía
en su cuerpo otra vez
mi abuela
seguida de cuarenta caballos
el perro de mi hermana que se ahorcó
y la rata destripada

A todos

Y sentir un hueco en el estómago
como ahora
que a los dedos les cuesta ya escribir
porque reconocen cuando están a punto
de llegar al punto final
donde esperan los demás

MONUMENTOS

La piel de mi padre
siempre estaba sucia
y pesaba tanto
que a veces no se podía mover
caía rendido en la cama por días
con sus manos
gruesas y toscas
en una sinuosa posición de rezar
sus ojos
viejos
velados

Parecía hecho de cemento
y me preocupaba
que sus lágrimas se fueran
colando por las grietas y
desmoronaran sus cimientos

Mi madre hablaba a gritos
—y aún no entiendo por qué—
de cómo algunas flores
lograban traspasar el concreto
pero para llegar hasta la superficie
debían romperlo

LA LENGUA MATERNA

Traté de eliminar los trazos de tu lengua
como quien borra huellas de la arena
Pero tus palabras están impresas en mi piel
como puntos de encuentro en un mapa
señalando bordes y fronteras
donde todo se une y se separa
donde se acaba y se comienza
un espacio liminal
Me dibujaste desde niño
una cartografía de tu historia
con palabras que se alojaron en mi cuerpo
Amenazas en la nuca
En las sienes el miedo
Y la garganta convertida
en transcripción de tus anhelos
Traté de borrarme
de esconderme de mí mismo
de perderme en el mapa de tu idioma
pero con los ojos cerrados
siempre anduve en círculos
y los círculos empiezan donde acaban

LOS PELIGROS DEL MAR

Mientras las hojas del árbol del frente
bailan por los aires
cayendo muertas en el concreto
mis manos imprimen
imágenes sobre metal
un léxico secreto y total
Todo me recuerda que estoy vivo
y que hay que buscar el calor
pero alejarse del sol
Que hay que vivir cerca del mar
pero es peligroso nadar
muy pronto después del almorzar
Que a todo lo bueno
algo malo se le puede encontrar
Y que de la tierra
aunque debajo del concreto se esconda
nadie logra escapar

42 Y MEDIO

A veces de la nada
    siento los zapatos pequeños
Y me pregunto si
cuando mi madre no esté
    seguiré siendo un hijo
Recuerdo los anuncios en la tele
que decían
una quemadura duele para toda la vida
    y me río
        porque tenían razón

JALEA DE MANGO

Un cuento:
se sienta todas las tardes
en la misma banca improvisada
de madera roída por el tiempo y la lluvia

Alrededor de ella
plantas que nunca olvida regar
eucalipto, menta, yerbabuena
para la garganta, la panza o cualquier otro dolor

Se torna el día dorado
luego naranja, violeta y finalmente negro
aún en la oscuridad total
no parece notar que la luz se ha acabado

En sus manos siempre tiene algo dulce
hoy
una jalea de mango
que devora como una niña hambrienta

Es una metáfora simple y fallida:
por un momento
hay algo dulce en ella también

Al observarla
devota a su rito de azúcar
devorar me parece la palabra correcta
para describir lo que hace con sus dulces

jaleas helados mieles queques y más
acaba con ellos con furia
sin compasión
es voraz

a veces pareciera
que algo dentro de ella
la devora de vuelta

Algunos días
cuando la miraba bajo los colores
cambiantes del cielo
pensaba que estaba ahí solo para mí
no importaba la hora
siempre parecía estarme esperando

para compartir su jalea conmigo
para llenarme de ella
para embarrarme de ira

Al mirar ahora esa banca vacía
no quedó de ella tanto una imagen
como un amargo sabor

INSTINTO E HISTORIA

No necesito más pruebas
de que la vida de mi madre
mi tía mi abuela
recorre mis venas
que ver a mi perro comer zacate
para aliviarse la panza

La diferencia es que
el instinto
protege
y la historia
destruye

JUGO DE PIÑA

Soy producto de supersticiones
de un mal cálculo de lunas
de un jugo de piña sin azúcar
de once años de silencio
de llantos y de santería

Llevo fuego dentro
y quemo quemo y quemo
tierra sucia entre mis uñas
y ardo lento

No necesito tus abrazos
ni tus palabras de aliento
tengo el calor de mil estrellas en el pecho
y no me duele la arena caliente del recuerdo

Soy tormentas devorando
soy un huracán
no tengo cura y no quiero tu remedio
tus abrazos ni tus cuentos ni tus besos
no necesito que me arropés por la noche
ni que me cubrás de verde todo el cuerpo

Tengo brazos largos y piernas fuertes
voz fuerte de aguantar el llanto
tengo ojos de puma para ver bien lejos
piel que se camufla en la montaña
dedos flacos que se cierran a la espera

de la más mínima señal
del más mínimo intento

Soy espinas de las rosas en la cama de mi madre
soy el perdón que susurraste
poco hombre
soy los hijos que mataste
soy la esperanza que dejaste atrás

Tengo alacranes en la panza
que se me salen y te pican
tengo sal bajo el pellejo
tengo colmillos y sin miedo muerdo

Soy tu falta de memoria
soy tus oraciones por la noche
soy un tren a toda máquina
soy un río que no da al mar

Soy el mismo mar soy la arena soy la sal

Soy todo lo que no deseaste jamás

EL AÑO FINAL

Queda poco y eventualmente
no quedará nada
este año perdimos
    una tía
    los rituales navideños
    el trabajo un par de veces
    la paciencia
    el camino
    la fe
    primos que no conocía
    el hilo
de lo que quería decir
En fin
todo se acerca a su fin
y el final
no espera por nadie
Es mejor que nos acerquemos
Al final, quiero decir
entre nosotros no hay forma ya
Veremos cómo todo acaba
de lejos
Unos de otros, quiero decir
porque el final lo veremos de cerca
Los círculos se pueden romper
eso lo aprendimos este año también
También
aprendimos cuánto mide el pasado
y cuántas veces se puede llorar

y le pusimos un precio
  a la sangre
  a la piel
  al aire
  a la espera
  a los pasillos
  a decir adiós
Sin saber que por el adiós no se paga
más que con tiempo
En fin
pareciera
que llegó la hora de pagar
y quizá nos veamos de nuevo
cuando nos toque recoger
nuestra parte del final

EN LA NOCHE LA VIDA

Mi problema es
que siempre voy a querer
cualquier otra vida
que siempre voy a creer
que el mundo es pesado
que siempre voy a botar
el helado en la acera
que la arena se lleva
pedazos de mí y de nosotros
que mi vida es una llamada
un vaso quebrado
un perro que jala muy fuerte
que aunque esté equivocado
sé que nunca lo estoy
que en el día
la noche no se detiene
y que en la noche
la vida tampoco

CABEZA RAPADA

Cuando era niño
mi mamá me rapaba el cabello
porque decía que lo tenía tan feo
como el de mi papá

Decía que tengo también

las mismas entradas
y el mal humor

las cejas tupidas
y el miedo

los labios gruesos
y la furia

la frente enorme y cuadrada
y la impaciencia

los enojos sin sentido
y una forma tan horrible de hablar

la malacrianza

el egoísmo

la vulgaridad

la insolencia

la estupidez

Una lista tan larga
que mientras la recitaba
el pelo me volvía a crecer

EL TAMAÑO DEL MUNDO

Cuando se nace
el mundo es del tamaño de la madre
Tengo treinta años ahora
y aún a veces lo es

SINÉCDOQUE

Decís *es un océano*
no un mar
más grande de lo que podés imaginar
y yo repito que sí con los ojos
mientras imagino
ser un océano
un lago un mar
algo más
que una ola solitaria
golpeando la orilla
porque sabemos que la esperanza
rara vez llega hasta acá
más bien casi siempre
terminás persiguiendo
aquello
de lo que querías escapar
ya sea un océano
el mar o el tiempo
pasado de la gente que amás
no perdás
tu tiempo
tratando de enseñarme a nadar
tengo un ancla
atada a los pies
una sinécdoque
de la vida el mar

TODO ESTÁ HECHO DE AGUA

Todo está hecho de agua
y al toque
se desborda
Hay un equilibrio frágil
entre la luz
y el lugar de dónde venimos
Acá
todo mundo está muerto

Si nada se dice
nada pasa
Nadie se moja
a la orilla del río
Una escena congelada
por afectos espaciales
La distancia entre
personajes familiares
es del tamaño del mar
Y si nada se dice
a la orilla del río
igual nos podemos ahogar

SÚPER 8

I

Te veo a través de mi cámara
    detrás de un lente que distorsiona tu cara
    y una memoria que puedo borrar

    Los peores recuerdos
    aún no han pasado
Como aquella vez que me rompiste la nariz
una noche que la cena iba a estar tarde
    El golpe no era para mí, lo sé
Yo solo estaba en el medio
de tu vida y lo que pudo ser

    Ahora te veo
te digo que sonriás y preguntás
    ¿estás grabando?
No, es una foto, mamá
    No te digo y no podés saber
    que eso es todo lo que sé hacer
He descubierto que los movimientos se guardan
en una parte que nunca se logra borrar

II

La memoria no es un edificio
ni un álbum familiar
 es una invasión
un monstruo
 un virus
   una madre que no quería ser madre
   un año nuevo en el hospital
   una foto con las caras cortadas
   un cumpleaños sorpresa para quien odia las sorpresas
   una bofetada
   un avión en la madrugada
   una mala película sin final

III

Había noches
en las que moría de hambre
escondido
    en el clóset
    debajo de la cama
    detrás de las cortinas
y solo salía por aire
    cuando ya era tarde
y no hubiera nadie
a quien me pudiera topar

Qué niño tan terrible
decían
    Por qué llora tanto

Todos caminando en silencio
para no molestar

    Sus vidas puestas en pausa
porque la mía no se pudo evitar

No te olvidés de darle grabar

YO LA LUZ

Estás en un lugar
donde no existen las metáforas
un lugar vacío de imágenes
donde escribirte es mutilarte cortarte
raparte alimentarte suturarte bañarte
romperte esperarte arrancarte
de las páginas viejas
de tus diarios que leía
cuando niño a escondidas
y eras otra completa-
mente otra
completa
te sobraban manos que ahora
te faltan
para barrer cocinar limpiar
lavar castigar lastimar escribir
en tus páginas a escondidas
que yo siempre sabía encontrar
donde siempre podía encontrar-
te cuando no te encontraba
cuando no encontraba
tus manos rotas
escondidas
que veían la luz solo
para escribir-
me que sería algo así
como decir-
me que nunca iba a ver

yo la luz
ahí escondido
sucio
lleno de imágenes
símiles y metáforas
sintaxis y gramática
sin manos
con un vocabulario
pesado
vacío
solitario
final

ORIGAMI

Tengo las manos sudadas
y jugás con tus dedos entre los míos
haciendo origami en mis palmas
es como si no te importara
lo asqueroso que soy

AUNQUE LA TIERRA SE MOJE

Ya había olvidado la lluvia
el verano fue eterno

Alguien dijo tu nombre
y pude sentir el espacio completo
entre mis dedos

Y recuerdo

que aunque la tierra se moje
ya nada crece de ella

que casi un año y cinco meses después
no hemos reparado las goteras del techo

LA EDAD DE LA INOCENCIA

Todavía era muy joven
para ser el papá
de una mamá
que era una niña no más
    Aunque ya
yo había sido mi propia mamá
Un niño aun así
muy niño aún
    para que me dijeras
    que sin mí te ibas a matar

Mis brazos eran flacos y débiles
    No podía aguantar
el peso de una vida en mis manos
muy fácil se me podía resbalar
entre los dedos
    que solo querían jugar

MALAS PALABRAS

Cada día las mismas palabras
ritual de una lengua que se extingue
repetición sin ritmo
canción de cuna
que cada día reescribo
pero su letra es la misma
porque llenamos el silencio con consistencia
porque si dejamos espacio
el aire frío se cuela entre las letras
y si nos quedamos sin palabras
nos encontraremos en su ausencia

SOLO EL OTOÑO

quizá solo sea el otoño
que no es necesariamente
el final sabés
aunque muchas veces lo es
tenés que recordar
que el mundo se acaba todo el tiempo
pero a veces del suelo las flores vuelven a crecer
y a veces del cielo desierto la lluvia vuelve a caer
tenés que recordar
que somos como la luna y el mar
vamos venimos
sin nunca llegar
que somos como el perro
que persigue su cola
y somos la cola que logra escapar
que somos la ausencia
y el regresar
que estamos presentes
que somos el silencio la música en la oscuridad
que como el círculo
no tenemos final
que quizá todas las noches sean solo un otoño
y mañana volvamos a despertar

OTRA NARIZ ROTA

Tuve un sueño
en el que te caías de cara
en una acera en Nueva York
te quebraste la nariz
estábamos solos los dos
después de que todo mundo se había ido
nunca te he amado más

AGRADECIMIENTOS

Gracias

Carito
por ser un segundo par de ojos

Ale
por no dejar que me rindiera

Huguito
por ser mi razón para continuar

ÍNDICE